ASSASSINATS

FRANÇAIS

Côte-d'Or

Prix : 20 cent

DIJON
IMPRIMERIE GÉNÉRALE

ASSASSINAT

DE

L'AMBULANCE FRANÇAISE

A HAUTEVILLE.

L'AMBULANCE FRANÇAISE.

Le dimanche 22 janvier, un bruit sinistre circulait à Dijon.

On racontait que l'Ambulance Française, établie à Hauteville avait été entièrement massacrée ainsi que des habitants inoffensifs, par les Prussiens, dans la nuit du 21 au 22 janvier.

Le fait, dénoncé au général Garibaldi, le rendit blanc d'indignation ; s'étant renseigné et ayant acquis la certitude de ce lâche forfait, il eut un moment l'idée de faire des représailles.

Une ambulance Allemande fut faite prisonnière et les médecins amenés à Dijon.

Ils furent retenus un jour dans une des salles de la mairie.

Mais la générosité du général illustre qui défendait la place se révolta contre sa première pensée et le lendemain il les rendit libres.

Du reste, leur captivité fut des plus douce ; réunis autour d'une vaste table copieusement servie dans la grande salle des appariteurs, ils purent comparer leur situation au sort que les leurs avaient fait à nos médecins et ambulanciers.

Nous étant rendus à Hauteville, d'après l'invitation de l'Autorité Municipale, nous avons visité le théâtre du crime et nous nous sommes fait raconter les péripéties du drame terrible que jouèrent ces sauvages du Nord, qui prétendaient nous apporter la civilisation.

Pour conserver à cette narration son caractère de vérité, nous transcrirons le procès-verbal que nous avons dressé sur les lieux, après l'audition des témoins que nous avons entendus.

VILLE DE DIJON.

COMMISSARIAT DE POLICE.

AFFAIRE :

ASSASSINAT DE L'AMBULANCE FRANÇAISE

Commis à Hauteville, le 22 Janvier 1871.

L'an mil huit cent soixante-onze, le 27 janvier,

Nous, Charles Perchet, commissaire de police de la ville de Dijon,

Vu la réquisition de M. Dubois, maire de la ville de Dijon, en date de ce jour,

D'avoir à nous transporter à Hauteville, village distant de sept kilomètres de Dijon, afin d'y faire une enquête sur l'assassinat d'une Ambulance Française qui y aurait été commis, le samedi 21 courant, par les soldats Allemands.

Nous nous sommes rendu sur les lieux indiqués accompagné du sous-brigadier Nicolin.

En entrant dans Hauteville, nous rencontrâmes le citoyen Poinsard, qui nous fit entrer chez lui et duquel nous reçûmes la déclaration suivante :

« Le 21 janvier, il y avait un bataillon de mobilisés à Hauteville, sous les ordres du commandant Braconnier.

« Quatre cents Prussiens environ débouchèrent dans le pays.

« Une grande partie des mobilisés s'enfuirent, laissant leur commandant presque seul et qui tenta vainement de les rallier.

« Le commandant s'élança néanmoins en avant. J'entendais de chez moi sa voix qui encourageait ses hommes à combattre.

« Des coups de feu retentirent, et, peu de temps après, quelques Prussiens apportaient chez moi M. Braconnier, blessé mortellement.

« Je le couchai sur mon lit et alors les soldats commencèrent à le dévaliser; ils lui volèrent sa montre, une somme de cent-cinquante francs, son épée, son képy et l'auraient aussi dépouillé de sa tunique si l'un deux ne s'y était opposé.

« Les Prussiens se répandirent par le village, agitant en l'air l'épée et le képy du commandant, faisant en dérision les simulacres d'attaque et de défense qu'ils avaient vu exécuter à ce malheureux qui s'était battu comme un lion.

« Toute la nuit, ils vinrent avec des lanternes le regarder sous le visage, l'injuriant, le maltraitant, ils se montraient sa tunique d'un air de triomphe et paraissaient très heureux d'avoir abattu un commandant.

« Il n'eut pas un moment de repos. Des officiers même vinrent l'insulter et lui reprocher d'avoir combattu contre eux, alors que ses soldats l'avaient abandonné, mais lui les regardait avec ses grands yeux résignés, et sa mâle figure, restée calme, semblait leur demander en grâce de le laisser mourir en repos.

Pas un médecin ne vint à son chevet, sinon un docteur Allemand qui ne prescrivit rien.

« Les Prussiens ne cessèrent toute la nuit de voler et de piller chez moi, m'empêchant de porter secours au commandant Braconnier qui se mourrait. »

Lecture faite y a persisté et a signé.

LOUIS POINSARD.

CH. PERCHET.

Le sieur Poinsard ayant terminé sa déclaration sur les faits qui se sont passés chez lui, nous lui demandâmes s'il avait connaissance du crime commis sur l'Ambulauce Française.

Il nous répondit que oui, et nous conduisit dans la maison du sieur Callais, où il s'était perpétré.

Nous y arrivâmes ; la maison n'a qu'un étage et la façade est tournée au sud.

Cette façade, qui a 15 ou 20 mètres d'étendue, est percée au milieu par une porte qui sert d'entrée principale, une fenêtre existe de chaque côté.

En entrant, on se trouve dans un espèce de vestibule au fond duquel est une porte qui donne accès sur un escalier conduisant aux pièces de l'étage supérieur.

Le vestibule est percé de deux portes, l'une à droite, l'autre à gauche, elles conduisent chacune dans un appartement séparé.

La porte de droite fait pénétrer dans une première pièce qui a une fenêtre sur la façade. Cette pièce sert indifféremment de cuisine et de salle à manger. Au fond est une porte conduisant dans une chambre à coucher, c'est dans ce logement que se tenait la famille Callais.

La porte de gauche fait entrer dans une cuisine assez vaste. Dans cette cuisine il y a une alcôve garnie d'un lit, une grande table est au milieu.

Comme dans l'autre appartement, il y a au fond de cette pièce une porte faisant comuniquer avec une autre qui lui est parallèle.

C'est là, dans cet appartement du côté gauche de la maison de M. Callais, que s'était établie l'Ambulance Française.

Deux drapeaux de la Convention de Genêve flottaient, l'un au premier étage et l'autre au faîte de la maison.

Nous sommes entrés dans la dite maison où nous avons

rencontré le sieur Callais, son propriétaire, lequel nous a fait la déclaration suivante :

« Le samedi 21 janvier, vers les huit heures du soir, les Prussiens entrèrent dans Hauteville par le haut du pays et descendirent le village en faisant feu dans les rues.

« Le côté gauche de ma maison était éclairé parce que l'Ambulance Française y était installée.

« Le côté droit était resté dans l'obscurité, les persiennes de la fenêtre étaient fermées.

« La première pièce était vide et sans lumière, la seconde était faiblement éclairée et occupée par une jeune fille de de vingt ans, nommée Eugénie Picamelot.

« Cette jeune fille causait debout, au milieu de la chambre, avec mon domestique que les Prussiens ont emmené depuis avec eux.

« Plusieurs coups de feu furent tirés sur ma maison, la façade et les fenêtres furent criblées par les balles, l'une d'elles passa à travers la persienne, traversa la fenêtre, le chambranle de la porte du fond, et vint frapper la malheureuse Eugénie Picamelot. La balle lui entra sous le scin droit et sorti par le dos pour aller se perdre dans la pièce sans qu'il soit possible de la retrouver.

« Eugénie, qui était tombée, fut relevée par les médecins attirés par ses cris. Ils la transportèrent dans leur ambulance à côté.

« Un matelas fut mis sur la table et M. Morin se mit en devoir de la panser; il y avait près de lui un autre médecin, M. Milliat, et cinq ou six infirmiers.

« Ils avaient tous au bras le brassard de la Convention de Genève.

« Je ne sais ce qui se passa alors. Aux premiers coups de feu je m'étais caché dans une pièce retirée; je puis affirmer que c'est au moment où le docteur Morin posait le premier appareil sur la blessure d'Eugénie, que les Prussiens s'élancèrent dans ma maison et commencèrent le massacre des médecins.

« M. Morin fut tué à coups de fusil alors qu'il accomplissait son courageux ministère. Son corps fut percé par les bayonnettes et alla rouler au fond de la chambre contre l'horloge qui est près du mur et sa tête y resta appuyée; bientôt après il baignait dans une mare de sang.

« Quatre infirmiers roulèrent sur le sol, tous grièvement blessés, un seul parvint à se cacher dans l'alcôve et derrière le lit où il resta blotti toute la nuit.

« M. Milliat, blessé déjà dans la chambre, fut entraîné au dehors et achevé lâchement à dix mètres environ, à gauche de la porte d'entrée. Il y a encore, à la place où il fut criblé de coups, une flaque de sang gelé.

« La maison semblait crouler sous les détonations des armes à feu et sous le bruit que faisaient ces sauvages Allemands en enfonçant les meubles à coups de crosses de fusils;

presque toutes les vitres de la façade volèrent en éclat. Les persiennes furent traversées et brisées par les balles, et cependant les deux drapeaux de la Convention de Genève flottaient l'un au premier étage et l'autre au faîte de la maison.

« Quand la scène du carnage eut cessé, et qu'il sembla aux Allemands que leur boucherie était suffisamment accomplie, ils se retirèrent. C'est alors que je sortis de ma cachette et que je pus contempler toute l'horreur de ces faits odieusement et froidement exécutés.

« Des voisins étaient accourus, entre autres L. Poinsard, cultivateur du pays. Nous portâmes les premiers secours aux survivants et nous plaçâmes la pauvre Eugénie Picamelot sur le lit. Dans la nuit, un médecin allemand vint et lui donna quelques soins.

« Pendant toute la durée de cette nuit terrible, les bourreaux vinrent, les uns après les autres, visiter l'Ambulance ; ils se montraient en riant les corps étendus sur la terre. Les malheureux blessés, dans la crainte d'être achevés, faisaient les morts.

« Chaque fois qu'il venait de nouveaux soldats ils leurs mettaient une lumière près du visage et les poussaient du pied pour s'assurer qu'ils ne bougeaient plus.

« Quand les soldats partaient, les pauvres blessés nous demandaient à boire, et s'étendaient vivement sur le sol, rougi de leur sang, aussitôt qu'ils entendaient résonner sur le seuil, les bottes des Allemands.

Une fois, un misérable soldat, en se retirant, crut s'apercevoir qu'un des malheureux infirmiers remuait encore; il tira son sabre et rappela les siens qui avaient déjà franchi la porte, leur montra les corps étendus. Je vis par sa pantomine (car je ne comprenais rien à son langage) qu'il disait à ses camarades qu'il fallait sabrer tous ceux qui étaient étendus à terre. Mais l'un d'eux le repoussa et je crus comprendre qu'il disait qu'il ne fallait pas les frapper.

« S'il s'était rencontré seulement deux brigands comme celui-là, les malheureux blessés auraient été hachés et massacrés. A cinq heures du matin, tous les soldats partaient et je pus faire prévenir, à Dijon, de ce qui venait de se passer ici.

« J'ai demandé au médecin allemand, qui vint donner quelques soins à Eugénie Picamelot, pourquoi l'on avait tiré sur ma maison et massacré l'Ambulance Française ; il me répondit que c'était parce que de chez moi on avait fait feu sur eux au moment où ils entraient au village.

« Je lui dis que c'était un infâme mensonge, que nul dans ma maison n'était armé, et que les soldats allemands, sur l'ordre de leur chefs, avaient commis une action atroce dont les peuples les plus civilisés seraient épouvantés et qui leur vaudrait la réprobation universelle.

Après cette lecture faite a déclaré ne savoir signer ; son beau-frère, présent, a attesté avec lui et signé avec nous.

A. Cornice.

Ch. Perchet.

Nous nous sommes rendu de chez M. Callais dans la demeure de la demoiselle Eugénie Picamelot, la maison qu'elle habite est voisine de celle du sieur Callais, la route les sépare.

Nous y avons trouvé la pauvre blessée couchée dans son lit et souffrant atrocement.

Comme elle pouvait parler, nous l'interrogeâmes, mais elle ne put rien nous dire sur le drame terrible qui s'était déroulé en sa présence.

Elle était mourante, sans connaissance et n'a qu'un souvenir confus des coups de feu, des plaintes des blessés, des cris que vociféraient les assassins.

Elle ne sait comment les malheureux ambulanciers ont été frappés, ni comment sont morts les médecins Français.

Elle avait fermé les yeux, et, presque sans connaissance, elle s'attendait à recevoir la mort.

La blessée nous a déclaré ne pouvoir signer.

De ce que dessus nous avons dressé le présent procès-verbal, pour qu'il y soit donné toute suite qu'il appartiendra.

Le Commissaire de Police,

CH. PERCHET.

Cet acte de barbare sauvagerie se passe de commentaires.

En rentrant ce même soir dans notre bureau nous avons trouvé la lettre suivante ;

MAIRIE DE DIJON (COTE-D'OR).

Dijon, le 7 janvier 1871.

Fait qui m'a été signalé par un médecin d'une des légions de Saône-et-Loire.

« Au dernier combat, sous les murs de Dijon, cinq bles-
« sés Français auraient été transportés à Asnières, trois
« grièvement blessés, deux légèrement.

« Les Prussiens auraient fusillé ces deux derniers.

« Fait à vérifier. »

TAINTURIER,

Conseiller municipal.

Ce fait, vérifié par nous, a été reconnu exact. Les Prussiens ne pouvaient mal finir une journée si bien commencée.

CH. PERCHET.

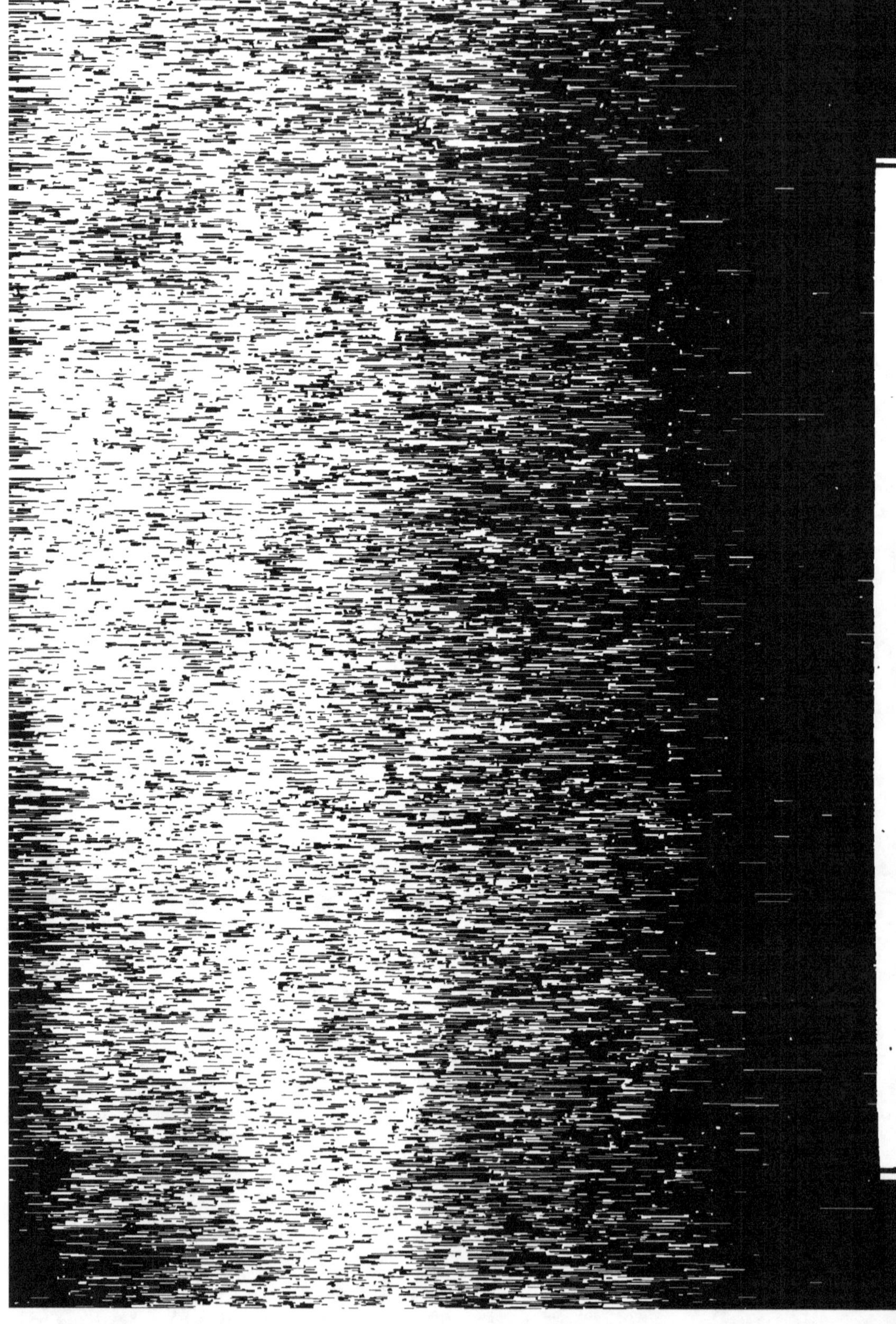

www.ingramcontent.com/pod-product-compliance
Lightning Source LLC
Chambersburg PA
CBHW061615050726
47595CB00007B/2965